UN YUGO DESIGUAL

De enamorado a cónyuge

ALICE FRYLING

Un yugo desigual
De enamorado a cónyuge

Alice Fryling

©2002 Editorial Patmos

©InterVarsity Fellowship / USA
Publicado originalmente en la revista HIS [De Él].
Traducido y publicado con permiso de
InterVarsity Press. P.O. Box 1400, Downers
Grave, IL 60515, USA.

Traducido por Carmina Pérez
Cubierta: Arte/CPAD
Reservados todos los derechos.

ISBN: 1-58802-024-X

Categoría: Vida cristiana

Todas las citas bíblicas son de la versión Reina-Valera, 1960.

ace cuatro años compartía una Coca-Cola y una hamburguesa con Anita, una estudiante graduada que vivía en nuestra pequeña comunidad universitaria. Al hablar del tema del matrimonio consideramos las ventajas y las desventajas de casarse con un hombre no cristiano. En ese entonces, Anita me dijo que nunca se casaría con alguien que no fuera creyente. Pero seis meses después estaba comprometida con Steve, un incrédulo declarado.

Al año siguiente, contra el consejo de amigos cristianos, Anita y Steve se casaron. Por un tiempo pensé que iba a resultar. Pensaba que quizá Dios bendecía aun frente al pecado. Anita siguió asistiendo a la iglesia y participando en la comunión con los demás creyentes. Su matrimonio parecía feliz. Quizás habíamos sido en realidad intransigentes.

Entonces supimos que había algunos problemas. Después separación. Y por fin, divorcio.

¿Qué había pasado con la convicción de Anita de casarse sólo con un cristiano? ¿Cómo pudo cambiar de parecer en tan corto tiempo? ¿Qué le sucedió a su matrimonio? ¿Estaba condenado desde el principio o hubiera podido salvarse?

Como Anita era mi amiga, además de ser mi hermana en Cristo, me sentí en libertad de hacerle estas preguntas. Con la claridad y el arrepentimiento que surgen de la experiencia, Anita admitió que en el momento de su compromiso había puesto su voluntad en contra de la de Dios. "Amaba a Steve y puse mi amor por él antes que mi amor por el Señor. Hacer lo que quería parecía lo más fácil y agradable en ese momento. No me detuve lo suficiente para considerar que desobedecer a Dios me traería consecuencias a largo plazo."

"Mis primeras dudas", continuó, "comenzaron inmediatamente después que nos casamos: ¿He hecho lo correcto? ¿Cómo puedo someterme a un hombre que no conoce al Señor y que tiene valores espirituales diferentes?"

Sin que Anita lo supiera, Steve también comenzó a tener dudas acerca de su matrimonio. Poco a poco y en silencio, la muerte comenzó a invadir su relación. La poca comunicación que tenían se hizo cada vez menos significativa. Rara vez compartían sus sentimientos. Su vida juntos se convirtió en la rutina doméstica más bien que en la efervescencia del amor. Con el tiempo, Steve se fue de la casa. Dos años después de su boda estaban divorciados.

Si la historia de Anita fuera una tragedia aislada lloraríamos con los que lloran y después, pasaríamos a pensamientos más alegres. Pero su historia, con detalles diferentes, se repite una y otra vez cuando hombres y mujeres cristianos son puestos a prueba por la atracción de un amor que no viene de Dios.

Cuando llega el amor

La mayoría de los seres humanos desean amar y ser amados. Es un deseo bueno y natural. Pero como el amor es una fuerza poderosa, antes de que comience debemos considerar el significado del amor dado por Dios y las consecuencias del amor fuera del reino de Dios.

Es improbable que un cristiano consagrado se proponga con toda intención enamorarse de alguien que no es cristiano. La mayoría de las relaciones que terminan en amor comienzan como amistad y hasta como encuentros casuales. ¿Dónde debe el cristiano establecer el límite? ¿Debe un creyente salir con uno que no lo es? ¿Debe un cristiano tener amigos que no lo son? ¿Cuáles son las normas bíblicas para los cristianos que viven en una sociedad secular?

Las Escrituras enseñan con claridad que los cristianos no deben aislarse. En Génesis 12, Abram salió de su propia tierra hacia Egipto. Dios usó a José en la corte de Faraón. El crecimiento de la iglesia cristiana primitiva fue el resultado de hombres y mujeres cristianos llamados (y obligados por la persecución) a dejar sus hogares y vivir en culturas extranjeras. Como embajadores de Cristo sería un descuido aislarnos de nuestras comunidades no cristianas. Tenemos que hacernos sus amigos, amarlos con el amor de Cristo, compartir con ellos y buscar con urgencia ganarlos para Cristo.

Pero aun cuando el pueblo de Dios fue enviado a vivir entre los que no adoran al Señor, se le recordó una y otra vez que la interacción social con los incrédulos nunca debe conducir a un compromiso moral o espiritual. Por ejemplo, a Daniel lo llevaron cautivo de su país de origen para servir al rey de Babilonia. Junto con otros jóvenes apuestos, Daniel iba a comer y a recibir su educación en el palacio del rey. Pero Daniel "propuso en su corazón no contaminarse con la porción de la comida del rey" (Daniel 1:8). Dios honró su obediencia cuando "pareció el rostro de ellos mejor y más robusto que el de los otros muchachos que comían de la porción de la comida del rey (1:15). Más adelante, cuando Daniel se negó a obedecer el edicto del rey Darío que prohibía orar, Dios honró su obediencia espiritual librándolo del foso de los leones. Como resultado de este incidente, el rey Darío se volvió al Señor.

Hoy día también es cierto que cuando los cristianos se niegan a amoldarse a la presión de grupo ven que Dios hace milagros. Es posible que las presiones no consistan en comidas deliciosas, edictos que prohiben la oración ni foso de leones, pero las presiones son fuertes. Tenemos que relacionarnos con quienes nos rodean, pero sin concesiones externas o internas.

El Nuevo Testamento lo resume en Juan 17. Los creyentes están en el mundo, pero no son del mundo.

Esta idea de separación es inherente en el significado de *santidad*. Cuando algo o alguien se considera *santo* en las Escrituras es porque está separado de todo lo que no es de Dios. Es apartado para los propósitos de Dios. Por eso en el Antiguo Testamento los objetos santos, como el arca del pacto, estaban separados con mucho cuidado de los objetos mundanos a su alrededor. Los sacerdotes efectuaban complicados ritos de purificación antes de entrar al lugar santísimo, que estaba separado del resto del templo por una cortina confeccionada con esmero. Leemos en Mateo 27:51 que cuando Cristo murió "el velo del templo se rasgó en dos, de arriba abajo" indicando así que ahora podemos entrar a la presencia de Dios sin la intercesión de sacerdotes humanos.

Sin embargo, esto no nos exime de la separación que implica la santidad. Leemos en el Nuevo Testamento: "Como aquel que os llamó es santo, sed también vosotros santos en toda vuestra manera de vivir; porque escrito está: Sed santos, porque yo soy santo" (1 Pedro 1:15-16). Y Pablo dice: "Así que, hermanos, os ruego por las misericordias de Dios, que presentéis vuestros cuerpos en sacrificio vivo, santo, agradable a Dios, que es vuestro culto racional" (Romanos 12:1). Nuestra responsabilidad en cuanto a la santidad es aun más importante, puesto que ya no tenemos que depender de ritos de adoración, sino acudir a Dios directamente.

La santidad o la separación no es una idea popular en nuestra sociedad. Preferimos decir: "Yo estoy bien, tú estás bien" y justificar nuestros pecados y los de los demás. No queremos decir que una persona es cristiana y otra no. Pero llegará el día en que Dios mismo declarará quiénes son sus hijos y sus hijas. Mientras tanto, tenemos que demostrar tanto discernimiento como misericordia. No es nuestra responsabilidad ir de un lado a otro condenando y juzgando a nuestros amigos. Pero cuando entramos en situaciones y relaciones personales que afectarán nuestra conducta tanto como nuestra relación con Dios tenemos que seguir siendo santos por encima de todo.

Me asombra el grado de preocupación del Señor por la preservación de la santidad. Observe lo que les sucedió a quienes la desafiaron. En los días de Noé, Dios determinó borrar su propia creación porque "vio Jehová que la maldad de los hombres era mucha en la tierra, y que todo designio de los pensamientos del corazón de ellos era de continuo solamente el mal" (Génesis 6:5). Las ciudades de Sodoma y Gomorra fueron destruidas porque su maldad era sumamente grande. Antes de su destrucción se le dijo a Lot, el sobrino de Abraham: "Escapa por tu vida... Date prisa" (Génesis 19:17, 22). En 1 Crónicas 13:9, Uza murió porque se atrevió a tocar el arca del pacto. En 2 Reyes 24:20 leemos que "vino, pues, la ira de Jehová contra Jerusalén y Judá, hasta que los echó de su presencia".

La santidad y el matrimonio

Dios también instruyó a los israelitas que permanecieran separados de las naciones idólatras que los rodeaban. En Deuteronomio 7:3-4 leemos: "Y no emparentarás con ellas; no darás tu hija a su hijo, ni tomarás a su hija para tu hijo. Porque desviará a tu hijo de en pos de mí, y servirán a dioses ajenos; y el furor de Jehová se encenderá sobre vosotros, y te destruirá pronto."

Estos pasajes no tienen la intención de que obedezcamos por miedo, aunque puede suceder. Pero tampoco debemos ignorarlos. Vivimos en una sociedad igualitaria y existencialista donde "todo es permisible". Seguro sin culpa. Divorcio sin culpa. Salvación sin culpa. Pero decir "sin culpa" es una mentira y una afrenta a nuestro santo Dios. La verdad es que todos tenemos culpa. Somos pecadores salvados sólo por la muerte de Cristo. Si soy cristiano debo procurar obedecer a Dios en todos los aspectos de mi vida, incluyendo mis relaciones personales y en particular, en el matrimonio.

En 2 Corintios el apóstol Pablo enseña: "No os unáis en yugo desigual con los incrédulos; porque ¿qué compañerismo tiene la justicia con la injusticia? ¿Y qué comunión la luz con las tinieblas? ¿Y qué concordia Cristo con Belial? ¿O qué parte el creyente con el incrédulo? ¿Y qué acuerdo hay entre el templo de Dios y los ídolos? Porque vosotros sois el templo del Dios viviente, como Dios dijo: Habitaré y andaré entre ellos, y seré su Dios, y ellos serán mi pueblo. Por lo cual, salid de en medio de ellos, y apartaos, dice el Señor. Y no toquéis lo inmundo; y yo os recibiré. Y seré para vosotros por Padre, y vosotros me seréis hijos e hijas, dice el Señor Todopoderoso" (6:14-18).

Es cierto que las ramificaciones de estas Escrituras se extienden mucho más allá de la esfera de las relaciones románticas y el matrimonio, pero es en el terreno de estas relaciones donde la fe de los jóvenes adultos sufre la prueba más grande. Me refiero a *relaciones* escogidas y exclusivas con un miembro del sexo opuesto. Puede ser la forma tradicional en que un joven conoce a una señorita o la forma popular de la actualidad de amistad sutil. Como quiera que se llame, esta clase de relación a la que me refiero es hasta cierto punto exclusiva y romántica, ya sea que se reconozca o no.

Los cristianos tienen mucho que dar y mucho que aprender en sus relaciones con los no cristianos. Por supuesto que debemos tener muchos amigos que no sea cristianos. Pero tenemos que considerar con mucho cuidado con quién debemos entrar en una relación romántica y con quién no. ¿Por qué son estas relaciones diferentes? Hay algunas razones.

Las Escrituras nos enseñan que debemos procurar suplir las necesidades, testificar y aprender de los demás. Al crecer en Cristo somos cada vez más sensibles a las relaciones personales. Por esta razón, los cristianos a menudo toman las relaciones románticas más en serio; los que no son cristianos es posible que manejen la interacción social más bien sin miramientos.

Otra razón más importante para considerar con mucho cuidado es que algunas de estas relaciones, en la mayoría de los casos, conducirán a hombres y mujeres al matrimonio. Aunque salir juntos como amigos puede tener otro propósito que no sea el de conseguir un cónyuge, la realidad es que la inmensa mayoría de los matrimonios comienzan con una relación así.

¿Significa esto que un cristiano no debe ni siquiera salir con alguien con quien no se casará? ¡Por supuesto que no! Pero lo que sí significa es que si la relación romántica continúa, tenemos que considerar con mucha seriedad las implicaciones de elegir a esta persona en particular como un amigo especial.

Al final le va a decir a alguien: "Quiero darte mi vida." Ya sea hombre o mujer, cuando decida casarse le estará diciendo a su futuro cónyuge: "Quiero que seas la persona más influyente en mi vida. Quiero compartir tus valores, tus metas, tus éxitos y tus fracasos. Quiero incluirte en todos los deseos que tengo para mi propia vida." De cualquier manera que se exprese, con religiosidad o no, cuando dos personas se casan se están diciendo mutuamente: "Tu pueblo será mi pueblo, y tu Dios será mi Dios."

De enamorado a cónyuge

Considere lo que sucede si un cristiano que adora a Dios se casa con uno que adora un ídolo, a sí mismo, su carrera, sus bienes materiales o sus buenas obras. El cristiano está cometiendo dos errores graves. En primer lugar, le está diciendo al Señor: "Sí, te entregué mi vida, pero ahora me voy a entregar a otro que no te conoce. Si me disculpas, Señor, volveré más tarde."

No hay palabras que puedan expresar la tragedia de esta situación. El cristiano se está burlando de Dios al no cumplir su compromiso con Él. Es culpable de idolatría al rendirse a otra persona que no es Dios. Y está desobedeciendo a Dios con insolencia porque Él dijo que debemos casarnos sólo con los que comparten nuestra fe.

El segundo grave error de los cristianos que se casan con incrédulos es que están traicionando sus propias vidas. Los cristianos saben o deben saber que sólo en Cristo es que podemos ser los individuos únicos y especiales que debemos ser. Sólo en Cristo nos "encontramos a nosotros mismos". Sólo en Cristo somos verdaderamente libres, creativos a plenitud y felices por encima de nuestras circunstancias.

¿Por qué va a renunciar el cristiano a todo esto para casarse con un incrédulo? "Porque es tan bueno conmigo." "Porque es todo lo que soñé" (excepto cristiano, desde luego). "Porque sé que mi amado se convertirá en cristiano muy pronto." ¿Por qué? Porque. Porque siempre hay una buena razón para pecar. Si así no fuera, nunca pecaríamos. Si la persona que ama no fuera digna de ser amada, ¡no se hubiera enamorado! Pero estar enamorado no es necesariamente estar en la voluntad de Dios. Es indiscutible que vamos a amar a la persona con la que Dios quiere que nos casemos, pero eso no quiere decir que Él quiere que nos casemos sólo porque estamos enamorados.

Lea Efesios 5:21-33. La relación entre el esposo y la esposa tiene que reflejar la relación entre el creyente y Cristo. El esposo tiene que amar a la esposa con el mismo amor práctico y abnegado que Jesús mismo demostró en la tierra. (Él lavó los pies de sus discípulos, les hizo el desayuno, los enseñó, los sirvió y murió por ellos.) La esposa, a su vez, debe someterse al amor de su esposo como nos sometemos al amor de Cristo. Cuando uno de los cónyuges no es cristiano, el matrimonio puede *fingir* el amor de Cristo, pero nunca puede reflejarlo.

Cuando Dios mandó que el cristiano se case sólo con otro cristiano, no fue intransigente e incomprensivo. Más bien nos estaba protegiendo de lo que es inferior. Si el matrimonio es tan hermoso como fue su propósito al crearlo (y lo es), entonces el que se conforma con algo inferior es un insensato.

El problema es que "engañoso es el corazón más que todas las cosas" (Jeremías 17:9), y la persona enamorada no está capacitada para ver la sabiduría de la lógica no romántica. *El corazón engañoso es la mejor razón para que decidamos no entablar relaciones románticas con los que no son cristianos.* Cierto, las Escrituras no lo prohiben de una manera explícita. Pero tampoco las Escrituras hablan de las relaciones románticas en la forma que las conocemos hoy. Así que a la luz de la lógica que Dios nos ha dado, el cristiano debe preguntarse: "Si no me voy a casar con un inconverso, ¿por qué voy a salir con él?"

"¡Ajá", dice usted, "voy a salir con él para testificarle!" Es cierto, le puede testificar a su amigo que no es cristiano. Pero está jugando con fuego. La necesidad de amar y ser amado es una pasión poderosa y su responsabilidad es ser esclavo de Cristo, no de sus propias pasiones (Romanos 6:16-18). ¿Qué pasa si se enamora? ¿Dónde estará entonces su lealtad? Estoy seguro de que el embajador de Cristo puede pensar de maneras mejores para testificar que salir con un incrédulo. Las actividades y debates en grupo de amigos y las amistades casuales cuidadosas pueden servir este propósito.

En una ocasión salí con un hombre que

no era cristiano para testificarle y mi único testimonio fue que rompí con él porque sus intenciones eran mucho más formales que las mías. Me pregunto si ya habrá conocido a un cristiano que le haya dicho que Dios lo ama y lo acepta. Todo lo que yo le dije fue: "Vete." Hubiera sido mucho mejor si se lo hubiera presentado a mis hermanos cristianos y juntos hubiéramos sido sus amigos y lo hubiéramos amado hasta introducirlo al reino.

Usted dice: "Pero conozco una pareja que se casó cuando uno sólo de ellos era cristiano y el otro se convirtió." Sí, eso sucede ocasionalmente. Puede suceder que un cristiano nuevo se case antes de comprender la enseñanza de Dios sobre el matrimonio. O tal vez un cristiano desobedezca a Dios abiertamente y Dios en su misericordia lo salve del desastre. Pero la gracia de Dios no es nunca jamás una excusa para pecar. "¿Qué, pues, diremos? ¿Perseveraremos en el pecado para que la gracia abunde? De ninguna manera" (Romanos 6:1-2). La realidad es que en la mayoría de los matrimonios donde hay una disparidad en la madurez espiritual, la pareja a la larga alcanza el común denominador más bajo. Con más frecuencia de la que quisiéramos, el cónyuge más espiritual pierde su fe cuando comparte la vida con un incrédulo o con un creyente inmaduro.

¡Auxilio!

Pero ¿qué hacer si ya tiene esta clase de relación con un incrédulo? ¿Debe buscar una salida inmediata? Es posible. Pero es más probable que Dios le dará una alternativa más cortés. Uno de los primeros pasos que debe dar en esta situación es sentarse y pensar en lo que su relación con Cristo significa para usted. ¿Está dispuesto a estar "separado para Dios" aun si significa la ruptura dolorosa de relaciones no santas? ¿Cree en realidad que Dios lo ama? ¿Cree que las Escrituras revelan la voluntad de Dios para usted? ¿Desea lo mejor que Dios tiene para su vida, casado o soltero, o está tratando de crear la imagen de éxito personal que esta sociedad fomenta? En una palabra, ¿le pertenece su vida a usted, a la sociedad o al Señor?

Después que se haya examinado a la luz de estas preguntas es posible que desee pedir la ayuda de un cristiano maduro de su confianza. Necesitará todo el apoyo que pueda para enfrentar esta tentación de gran contenido emocional. El próximo paso es compartir sus preocupaciones con su amiga o amigo no cristiano. Puede pedirle a un cristiano que le ayude a explicarle el evangelio. O darle un libro que explique con claridad cómo ser cristiano. Además de esto, aunque la relación emocional puede hacerle difícil ser claro en describir la fe en Cristo, con seguridad debe contarle su propio testimonio.

Asegúrese de enfrentar lo que va a hacer si esa persona no se convierte. No le pregunte a Dios si es su voluntad que se case con un inconverso. Ya Él ha dicho que no lo es. Y si usted dice que es un discípulo de Cristo y lo desobedece deliberadamente, su compromiso verbal es una mentira. Si esa persona no se convierte a Cristo, no puede casarse en la voluntad de Dios.

Podemos encontrar toda clase de razones para negar esta verdad. Hace varios años, una joven vino a decirme que había tenido que casarse con su novio que no era cristiano porque había tenido relaciones sexuales con él. Estaba usando el mandamiento de Dios contra la fornicación como la razón para casarse con un incrédulo. Por suerte llegó a la conclusión que un pecado no elimina el otro.

Pero si no se va a casar con uno que no es cristiano, ¿debe seguir saliendo con él? ¿Hay alguna manera de mantener la relación con efectos positivos para ambos? Quisiera decir sí o no de manera absoluta. Sería más fácil así. Pero Dios no da respuestas fáciles y permanentes. En toda la Escritura vemos situaciones en que la misericordia y la justicia, la verdad y el amor, parecen contradecirse. Dios es demasiado personal y demasiado amoroso para decir que una respuesta se aplica a todas las situaciones. En cambio, mientras considera la relación en la que se encuentra, sea cauteloso con su engañoso corazón. No permanezca en la relación sólo por no herir a su amigo o amiga. Si es un pecado continuar en esa relación es mejor que soporte el dolor de la separación que contristar al Señor.

Considere el efecto que la relación está teniendo en usted y la otra persona. ¿Está él mostrando indicaciones definidas de acercamiento al cristianismo? ¿Está la relación ayudando o perjudicando su comprensión de quién es Dios? ¿Está la relación enriqueciendo su propio andar con Dios o agotando sus energías? ¿Lo animan sus amigos cristianos a que continúe o a que termine? Si estas preguntas provocan serias dudas en su mente es mejor que termine rápido.

Compare sus conclusiones con Romanos 14, donde Pablo trata con el asunto de comer o no comer carne ofrecida a los ídolos. Él concluye: "Bienaventurado el que no se condena a sí mismo en lo que aprueba. Pero el que duda sobre lo que come, es condenado, porque no lo hace con fe; y todo lo que no proviene de fe, es pecado" (vv. 22-23). El paralelo con una relación romántica es obvio: si tiene dudas, no lo haga.

Pero imagínese que su amigo no creyente sí se convierte a Cristo. ¿Está entonces predeterminado que Dios quiere que ustedes dos se casen o que continúen saliendo juntos? No necesariamente. Uno de los problemas de salir con no creyentes es que aun si esa persona se convierte habrá una diferencia entre ustedes en cuanto a la madurez espiritual. Algunos aspectos de la madurez se alcanzan sólo con el tiempo y si usted ha sido cristiano por un tiempo, la otra persona tiene que ponerse al día antes de que haya el respeto y el apoyo mutuo en la fe que comparten.

Si esa persona se convierte a Cristo está en la misma situación que dos cristianos que están saliendo juntos. El hecho de que dos personas sean cristianas no indica que es la voluntad de Dios que se casen. En cada relación es imperativo mirar los propósitos de Dios para el matrimonio (según Efesios 5:21-33) y preguntarse: "¿Puedo entregarme voluntariamente a esta persona con la clase de amor que Dios quiere que tengamos en el matrimonio?" El sacrificio y la sumisión que se requiere en el matrimonio debe emprenderse sólo con la confianza entusiasta de que Dios ha ordenado la relación.

Llegando al corazón

La cuestión de salir o no con un incrédulo se reduce en realidad a confiar o no en Dios para que Él sea el que decida en su vida. Es posible que su propósito sea que no se case. Mientras el matrimonio es su voluntad para la mayoría, a algunos les da el don del celibato (1 Corintios 7:7-8, 32-35). No cometa el error de igualar el matrimonio con la felicidad. En realidad, si se siente infeliz soltero, es probable que llevará su infelicidad al matrimonio. El matrimonio no es una panacea. Emplee sus años de soltero para convertirse en la persona más satisfecha, más feliz y más interesante que pueda ser. Si Dios le da el don del celibato empleará esas cualidades en el servicio especial que tendrá y que no podría ofrecer como persona casada. Si le da el don del matrimonio, entonces podrá ofrecer todas esas buenas cualidades a la persona que ama.

Imagínese que es la voluntad de Dios que se case. ¿Puede esperar uno o dos años o diez años para esa selección especial de Dios para usted? Somos una sociedad impaciente. Té instantáneo, hamburguesas instantáneas, hasta transacciones bancarias instantáneas. Es posible esperar, pero es difícil. Y es a menudo a este punto que Satanás, el engañador de toda la humanidad (Apocalipsis 12:9) viene y le dice: "Cristiano, si esperas más, las opciones se reducirán. ¿Por qué correr el riesgo y perder la oportunidad del todo? Aquel que está allí es amoroso. Seguro que es *como* Cristo. ¿Entonces qué importa si no *cree* en Cristo?" Estas mentiras de Satanás pueden gritar en sus oídos una verdad aparente pero no real.

La voz de Dios a menudo es un susurro. Pero escuche los susurros de Dios: He escogido para ti una vida que está llena en abundancia de todas las cosas buenas (Juan 10:10; Salmo 84:11). Lo que te parece bueno ahora tal vez no sea bueno dentro de veinte o treinta años. Pero yo soy el gran YO SOY. Veo toda tu vida, el presente y el futuro (Salmo 139:16). Y te amo (Jeremías 31:3). Tengo planes para ti que no puedes ni siquiera imaginar (Jeremías 33:3; 1 Corintios 2:9). Puedo darte el don del celibato (1 Corintios 7:7, 25-39; Mateo 19:10-12). O es posible que descubras que mis planes incluyen el matrimonio. La próxima semana o el año que viene puedo traer a tu vida una persona que te amará con un amor que sólo mi Espíritu puede inspirar. Espera por esa persona. El que he escogido para ti te amará como yo te amo. No te obligaré a que te cases con quien yo quiero. Y no te impediré que te cases con quien tú quieras. Pero no te engañes; segarás lo que siembres (Gálatas 6:7). Anhelo hacerte el bien (Isaías 30:18). ¡Espera por mí, cristiano! Yo obraré.

"Porque yo soy Dios, y no hay otro Dios, y nada hay semejante a mí, que anuncio lo por venir desde el principio, y desde la antigüedad lo que aún no era hecho; que digo: Mi consejo permanecerá, y haré todo lo que quiero" (Isaías 46:9-10).

Esperando lo mejor

Esperar es difícil, pero vale la pena. C. L. Lewis estuvo soltero la mayor parte de su vida. Era profesor en las universidades de Oxford y Cambridge y empleaba su tiempo libre para escribir algo de la mejor literatura cristiana disponible en el mundo de hoy. Entonces, cuando estaba llegando a la edad de su jubilación, conoció y se casó con una mujer a la que llegó a amar con intensidad en sus tres pocos años juntos. Piense en lo que el mundo hubiera perdido si Lewis se hubiera casado antes con alguien que Dios no había escogido.

Cuando me gradué en la universidad, muchos de mis amigos iban camino del altar. No conocí al que habría de ser mi esposo hasta tres años más tarde. Pero mientras esperaba aprendí mucho acerca de la fidelidad de Dios hacia mí como individuo. Desarrollé dones de ministerio que todavía estoy usando. Viajé. Me divertí. Lloré. Me desalenté. Y aprendí que Dios me ama, en todas las maneras en que necesito ser amada.

Mi matrimonio ahora está lleno de gozo. No siento que desperdicié los años que esperé. Y no siento que estoy desperdiciando mis talentos porque estoy casada. La designio de Dios es así. Mientras estaba ocupada como soltera, Dios estaba trabajando en mi futuro esposo para hacer de él el que me puede amar con esa clase especial de amor que necesito y que puede recibir la clase especial de amor que puedo dar. Nunca he dudado que mi esposo es el perfecto para mí. Nunca he añorado, ni lamentado mis años de soltera. Dios es bueno con nosotros cuando esperamos por Él. Nunca nos fallará ni nos desamparará.

Cinco estudios sobre el matrimonio

La voluntad de Dios para nuestras relaciones románticas sólo puede entenderse en el contexto de los propósitos de Dios para el matrimonio. En estos breves estudios daremos una mirada más detenida a algunos de los pasajes bíblicos referentes al matrimonio. Emplee pluma y papel para agudizar su pensamiento en cada pregunta. Es posible que después quiera comentar sus respuestas con un amigo cristiano maduro.

Estudio 1: ¿Cuál es la perspectiva de Dios acerca del matrimonio?

Lea Efesios 5:21-33. **1**/Haga una lista de los mandamientos para los esposos en este pasaje. ¿En qué maneras está el esposo en realidad sometiéndose a su esposa al obedecer estos mandamientos? **2**/¿Qué mandamiento se les da a las esposas? (No permita que una definición limitada de la sumisión lo asuste. No es el concepto de que "tienes que hacer lo que yo hago." Es una aplicación específica del pensamiento que comienza en el v. 21.) Defina lo que es sumisión. **3**/¿Cómo piensa que la sumisión de un cónyuge a otro sigue el ejemplo de Cristo? **4**/¿En qué maneras específicas sería el matrimonio entre dos creyentes diferente del matrimonio entre un creyente y uno que no lo es?

Estudio 2: ¿Qué es el compromiso matrimonial?

1/Según Génesis 2:23-24, ¿qué lugar importante debe tener la esposa en la vida del esposo? **2**/Lea Rut 1:16-17. Este pasaje en realidad describe el deseo de Rut de seguir a su suegra Noemí. Pero a menudo se aplica a la relación conyugal. Escriba tres o cuatro frases expresando el compromiso apropiado que piensa que se debe tener hacia el futuro cónyuge. **3**/Según 1 Corintios 7:3-4, ¿cuánto dura el compromiso entre el esposo y la esposa? ¿Cómo se siente acerca de la idea de que ya no es el propietario de su propio cuerpo? Si tiene ahora planes de matrimonio, ¿quisiera que su prometido o prometida sea el propietario de su cuerpo en el matrimonio? **4**/Si se casa, ¿en qué maneras específicas espera estar comprometido mutuamente con su cónyuge?

Estudio 3: ¿Quiere Dios que me quede soltero?

1/Leyendo 1 Corintios 7:7-9 25-40, enumere las razones que Pablo da para permanecer soltero. **2**/¿Qué presiones hay en su vida que pueden ser razones para estar soltero en este tiempo? **3**/¿En qué actividades y servicios participa ahora que tendría que renunciar si se casara? **4**/Observe que Pablo no está tratando de negarnos el placer de estar casados (v. 35). Él también escribió Efesios 5. ¿Qué características piensa que debe tener una relación romántica que indique que las dos personas deben de casarse?

Estudio 4: ¿Cómo ve Dios el pecado en mi vida?

1/Lea Romanos 6:12-19. ¿Cuál tiene que ser nuestra actitud hacia el pecado? ¿En qué aspectos de su vida está consciente de tener victoria sobre el pecado? ¿En qué aspectos lo está dominando el pecado? ¿Cómo le ha mostrado Dios su gracia? **2**/¿Hay un límite a la gracia de Dios? Lea Romanos 1:24-25. ¿Hay algún aspecto en su vida en el que ha ignorado a Dios y Él lo ha abandonado a sus propios deseos? **3**/Según 2 Corintios 6:14-18, ¿es pecado casarse con un incrédulo? **4**/ Si está saliendo con alguien que no es cristiano ahora, conteste las preguntas siguientes con sinceridad de su corazón: ¿Está la relación haciendo que desobedezca los mandamientos de Dios? ¿Está la relación causando que ignore a su Señor? ¿Está acercándose más a Dios? ¿Tiene más o menos energía espiritual y emocional desde que está en esta relación? ¿Hay cambios que Dios quiere que haga en esta relación?

Estudio 5: Compromiso con Dios

Algún día, si se casa, hará un voto de compromiso en el altar del matrimonio. Sólo puede entregarse a su cónyuge en la medida que se ha entregado a su Señor. Escriba qué voto le gustaría hacer ahora ante Dios. Haga esto en armonía con las Escrituras que han sido significativas para usted. Como punto de comienzo, considere Mateo 16:25 y 1 Juan 2:15-17.

Alice Fryling

Alice Fryling